—— 撰 稿 ——

张 迪　沈蓓蕾　孙 杰
唐旭东　曹 阳　赵 新
魏诗棋　郑士明　高 雪
柴冰冰　陈禹行　滕 雪
张 静　刘晓漫　王靖雯
康 健

—— 插图绘制 ——

雨孩子　肖猷洪　郑作鹏
王茜茜　郭 黎　任 嘉
陈 威　程 石　刘 瑶

—— 装帧设计 ——

陆思茁　陈 娇
高晓雨　张 楠

了不起的中国

—— 传统文化卷 ——

神话传说

派糖童书　编绘

化学工业出版社

·北京·

图书在版编目(CIP)数据

神话传说 / 派糖童书编绘.—北京：化学工业出版社，2023.10
（了不起的中国.传统文化卷）
ISBN 978-7-122-43911-6

Ⅰ．①神… Ⅱ.①派… Ⅲ.①神话-中国-儿童读物 Ⅳ.①B932-49

中国国家版本馆CIP数据核字（2023）第137518号

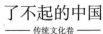

了不起的中国
—— 传统文化卷 ——
神话传说

责任编辑：刘晓婷　　　　　　　　　　　　责任校对：王　静

出版发行：化学工业出版社（北京市东城区青年湖南街13号　邮政编码 100011）
印　　装：北京尚唐印刷包装有限公司
787mm×1092mm　1/16　印张5　2024年1月北京第1版第1次印刷

购书咨询：010-64518888　　　售后服务：010-64518899
网　　址：http://www.cip.com.cn
凡购买本书，如有缺损质量问题，本社销售中心负责调换。

定　　价：35.00元　　　　　　　　　　　　版权所有　违者必究

前 言

几千年前，世界诞生了四大文明古国，它们分别是古埃及、古印度、古巴比伦和中国。如今，其他三大文明都在历史长河中消亡，只有中华文明延续了下来。

究竟是怎样的国家，文化基因能延续五千年而没有中断？这五千年的悠久历史又给我们留下了什么？中华文化又是凭借什么走向世界的？"了不起的中国"系列图书会给你答案。

"了不起的中国"系列集结二十本分册，分为两辑出版：第一辑为"传统文化卷"，包括神话传说、姓名由来、中国汉字、礼仪之邦、诸子百家、灿烂文学、妙趣成语、二十四节气、传统节日、书画艺术、传统服饰、中华美食，共计十二本；第二辑为"古代科技卷"，包括丝绸之路、四大发明、中医中药、农耕水利、天文地理、古典建筑、算术几何、美器美物，共计八本。

这二十本分册体系完整——

从遥远的上古神话开始，讲述天地初创的神奇、英雄不屈的精神，在小读者心中建立起文明最初的底稿；当名姓标记血统、文字记录历史、礼仪规范行为之后，底稿上清晰的线条逐渐显露，那是一幅肌理细腻、规模宏大的巨作；诸子百家百花盛放，文学敷以亮色，成语点缀趣味，二十四节气联结自然的深邃，传统节日成为中国人年复一年的习惯，中华文明的巨幅画卷呈现梦幻般的色彩；

书画艺术的一笔一画调养身心，传统服饰的一丝一缕修正气质，中华美食的一饮一馔（zhuàn）滋养肉体……

在人文智慧绘就的画卷上，科学智慧绽放奇花。要知道，我国的科学技术水平在漫长的历史时期里一直走在世界前列，这是每个中国孩子可堪引以为傲的事实。陆上丝绸之路和海上丝绸之路，如源源不断的活水为亚、欧、非三大洲注入了活力，那是推动整个人类进步的路途；四大发明带来的文化普及、技术进步和地域开发的影响广泛性直至全球；中医中药、农耕水利的成就是现代人仍能承享的福祉；天文地理、算术几何领域的研究成果发展到如今已成为学术共识；古典建筑和器物之美是凝固的匠心和传世精华……

中华文明上下五千年，这套"了不起的中国"如此这般把五千年文明的来龙去脉轻声细语讲述清楚，让孩子明白：自豪有根，才不会自大；骄傲有源，才不会傲慢。当孩子向其他国家的人们介绍自己祖国的文化时——孩子们的时代更当是万国融会交流的时代——可见那样自信，那样踏实，那样句句确凿，让中国之美可以如诗般传诵到世界各地。

现在让我们翻开书，一起跨越时光，体会中国的"了不起"。

目 录

导 言

当大自然展现威力时，恐惧的本能让古老的人类祖先相信，世间有一个万能的主宰，人们把这位主宰称为"帝"，在神话体系完备后，这位主宰的名字就叫"昊（hào）天上帝"。

因为天高不可及，神秘莫测，所以人们信仰天，认为天就是主宰，就是帝。除了这位万能的主宰，自然现象也被人格化。洪水暴发被视为水神发怒；雷电交加，人们就认为是雷神心情不好。如果自然灾害频发，那么不是神在作恶，就是有怪物在捣鬼。这时，一些出色的领导者就会率领人类对抗自然灾害，保卫家园。当灾害平息，这些领导者就会被视为英雄，渐渐成了人间的神。

后来，不光是这些战胜自然灾害的领导者，还有一些对人类生存发展做出过卓越贡献的人也被视作英雄，比如发明文字和生产工具的人，等等。正因为他们改善了人类总体的生存环境，让更多的人活了下来，这些人慢慢也被称为神。

中华大地上的诸多部落在英雄们的带领下，与天地共生、与自然融合，并且在这个过程中创造了中华文明，由此产生了创世传说、人类起源说、英雄传说等，造就了中华民族敬畏自然、崇尚智慧等古老的基因，并深埋在后人的骨血里，一直延续到现在。

开天辟地

天地剖判

《吕氏春秋》记载："太一出两仪，两仪出阴阳。阴阳变化，一上一下，合而成章。浑浑沌沌，离则复合，合则复离，是谓天常。天地车轮，终则复始，极则复反，莫不咸当。日月星辰，或疾或徐，日月不同，以尽其行。四时代兴，或暑或寒，或短或长，或柔或刚。"

古人认为，世界在形成

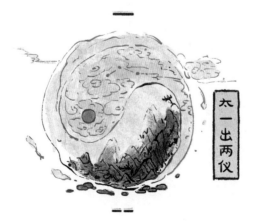

之前，是浑蒙昏暗的，没有具体的形态。后来，天地分离，日月星辰有的转动得快，有的转动得慢，但它们各行其道；春、夏、秋、冬四个季节，有的热，有的冷，有的长，有的短，不断更替……它们像一个车轮，转了一圈后又回到最初的节点，再开始新的一轮转动，在这周而复始中，万物由此诞生。

古代的哲学家将上面所描述的天地分离的过程叫"天地剖判"，是一个不知所起、不知所终的自然状态。后世的人们可能觉得这种哲学解释起来太过玄妙，便构思出了许许多多创世神话，一代一代流传了下来。

绝地天通

绝地天通的传说是创世神话之一。《山海经·大荒西经》中记载："大荒之中，有山名曰日月山，天枢也。吴姖（jù）天门，日月所入。有神，人面无臂，两足反属于头山，名曰嘘。颛顼（zhuānxū）生老童，老童生重及黎。帝令重献上天，令黎邛（qióng）下地。下地是生噎，处于西极，以行日月星辰之行次。"

上面这段话说的是：大荒有一座日月山，这里是天的枢纽，吴姖天门为日月降落的地方。山峰上有一个叫"嘘"的神，他长着人的脸却没有手臂，两只脚连着头，形成了一个圆圈。颛顼生了老童，老童生了重和黎，他们俩天生神力。天帝让重举起天，让黎压下地，使天和地之间不再沟通。后来，黎的儿子"噎"就驻守在大荒的最西端，掌管着日月星辰的运行秩序。于是，世界就初步形成了。

天地的稳固

重、黎二神绝地天通之后，天若是塌下来怎么办？爱思考的古人当然有解释了：相传地有"八柱"，就是八座山，它们撑着上面的天，天就不会塌下来了。

☁ "天圆地方"

古人还认为，"天"就像头上的屋顶一样，是圆形的，"地"就像我们耕的田一样，是四四方方的，因此有"天圆地方"的说法。

基于"天圆地方"的想象，古人又把天地想象成是一只大乌龟，天就是乌龟背上的圆壳，地就是乌龟方形的肚皮，四条腿则是支撑着天地的四根柱子。古人的想象力是多么丰富呀。

天圆地方

☁ 杞人忧天

《列子·天瑞篇》记载了一则寓言故事：

杞（qǐ）国有人忧天地崩坠，身亡（wú）所寄，废寝食者。又有忧彼之所忧者，因往晓之，曰："天，积气耳，亡处亡气。若屈伸呼吸，终日在天中行止，奈何忧崩坠乎？"

其人曰："天果积气，日月星宿（xiù），不当坠邪？"

晓之者曰："日月星宿，亦积气中之有光耀者，只使坠，亦不能有所中伤。"

其人曰："奈地坏何？"

晓者曰："地积块耳，充塞四虚，亡处亡块。若躇（chú）步跐（cǐ）蹈，终日在地上行止，奈何忧其坏？"

其人舍然大喜，晓之者亦舍然大喜。

故事是说杞国有个人特别胆小，生怕天塌下来，地陷下去，吓得吃不好也睡不着。一个聪明人听到这件事，就劝慰他："天空是由气聚集起来的，日月星辰只不过是闪光的东西，不会掉下来，也不会砸到人；大地是由土堆积的，遍布了世间每个角落，就算蹦跳、行走都没事儿，所以大地也不会塌陷。"胆小的人这才放心。

这个故事阐述了古代另一种天地观：天空和日月星辰都看得见，摸不着，所以是虚无的，而大地是坚实的，所以很稳固，颇有一种乐观精神。

杞人忧天

盘古开天辟地的故事

盘古开天的神话故事最早出现在东汉末年徐整的著作《三五历纪》里，后来很多书籍也记载并丰富了这个故事，比如南朝时任昉（fǎng）写的《述异记》，以及现代作家鲁迅的著作《古小说钩沉》等。

这个故事讲的是在很久很久以前，世界还是混沌一团，整个宇宙就像一个大鸡蛋。这个大鸡蛋里面有一个巨人，名叫盘古。盘古在鸡蛋里睡了一万八千年，醒了以后，他感觉被鸡蛋束缚着手脚十分难受，就决定把鸡蛋打破。他掏出一把大斧子，咔嚓一下，把鸡蛋壳从里到外劈了个粉碎。于是，混沌之中，轻的东西升上去，成为天；重的东西沉下去，成为地。盘古站在天地之间，用手牢牢撑住天，用脚稳稳支住地，不让天和地再次闭合。天每天升高一丈，地每天加厚一丈，盘古的身体每天长高两丈。就这样又过了一万八千年，天和地终于稳定下来。这时，盘古也累了，就倒了下来，在睡梦中死去了。

盘古死后，他的身体发生了变化，左眼变成了太阳，右眼变成了月亮，呼出的气变成了风和云，四肢化为山脉，血液化为江河，毛发化为草木……

就这样，这个世界成了我们现在熟悉的样子。

盘古开天辟地

🌀 盘古创世说

虽然盘古创世的神话出现的时间比较晚，但更好理解，也就更方便流传。

盘古创世

🌀 古人眼中的"天地""六合"

在我们的先辈眼中，"天地"就是以自己为中心的这片世界。上面的"天"和脚下的"地"，以及东南西北四个方向，构成了天地的边界。这就是古人说的"六合"。

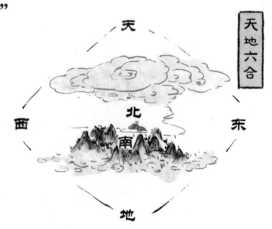

天地六合

天
北
南
西
东
地

◎ 中国之谓

古人认为自己身处"六合"的正中，因此称自己的国家为"中国"。而那个时候，他们称呼中国四周的国家为"四夷（yí）"，认为他们都是野蛮人。

◎ "中国"的名字最早出现在哪里

"中国"这个词最早被发现在西周初年的青铜器"何尊"上。"何尊"是我们国家的国宝，于1963年在陕西省宝鸡市出土，上面刻有长达122字的铭文，记载了周朝建造洛邑王城的重要历史事件，以洛邑为天下之中，故称"中国"，原文是"宅兹中国"。

◎ 五星出东方利中国

考古专家曾经在新疆发现了另一件国宝——"五星出东方利中国"汉代织锦，特别漂亮，寓意也特别美好。

这里的五星，并不是指我们现在国旗上的五颗星，而是指金、木、水、火、土五颗行星。"五星出东方利中国"八个字出自《史记·天官书》："五星分天之中，积于东方，中国利；积于西方，外国用（兵）者利。五星皆从辰星而聚于一舍，其所舍之国可以法致天下。"意思是说，"五星聚会"是一种很难见到的天文奇观，这五颗行星一起出现在东方天空的时候，国家都会兴盛。

人类起源

女娲造人

在盘古开天辟地之后，我们的神州大地上出现了一位名叫女娲（wā）的女神。她神通广大，一天就能变化七十种不同的样子。可是，这片大地上只有她一个人，就算再怎么神通广大，她还是觉得十分寂寞。

于是，她来到河边，拿起河岸上的黄泥，按照自己的形象捏起了泥人。小泥人一放在地上就活了，女娲十分高兴，就决定让自己造的人遍布大地。她一刻不停地捏泥人儿，到最后实在累了，就用一根藤条沾着泥水向地上挥洒，落在地上的泥点竟然也变成了人。只是泥人有了男女和高矮胖瘦的差异，女娲就用这种方法创造了许许多多的泥人，并把他们统称为"人类"。就这样，世界上有了人类，天地间终于充满了生气，女娲也不再感到寂寥了。

女娲慈祥地创造了生命，这也让她成为民间广泛而又长久崇拜的创世神和始母神。

女娲的形象

尽管在传说中女娲按自己的形象创造了人类，但在古人的壁画和雕塑中女娲是一位人首蛇身的女神。

女娲造人

女娲与"人日"

正月里，家家户户都在忙着过大年，家里的老人还会在正月初七这一天告诉我们初七是"人日"。

原来，在女娲的造人传说中，有一种说法是女娲用了六天时间创造了鸡、狗、猪、羊、牛、马，直到第七天才根据自己的形象创造了人，因此，正月初七，是我们共同的生日，称为"人日"。

从汉朝开始，我们就庆祝这个节日了。晋朝，人们庆祝"人日"的方式是剪彩和镂金箔（bó）。到了唐朝，人们更加重视这个节日，甚至登高吟诗，祈福愿安。而到了现代，中国各地庆祝"人日"的习俗各不相同。北方要吃长面，南方则要吃由七种菜制成的七宝羹，或是外出郊游。

北方吃长面

女娲赐酒

女娲看到自己造的人每天都要劳作，特别辛苦，很是心疼，于是把甘露化成美酒，赐给凡间的人类，帮人们化解劳累，给人们带来欢乐。人们为表达感激之情，就用她赐给人间的美酒来敬女娲，这种行为慢慢地演化成了一种约定俗成的礼仪，以酒敬天的习俗由此开始，并流传至今。

乐器与婚姻之神

传说中，女娲在完成创造人类的工作后，看着他们在大地上努力生活，担心他们和自己一样觉得寂寞，就发明了乐器"笙簧"送给人类。这乐器长得像凤凰的尾巴，有十三支管子插在葫芦上。直到现在，苗、侗（dòng）族人仍有吹奏"笙"的习惯，现在已经演变成了"芦笙"。

女娲又发现人类会死去，就为人类创造了婚姻制度，让他们繁衍后代，生儿育女，延续香火。这样看来，女娲还是人类的第一位媒人呢！

人们相信，女娲能造人，当然也能保佑他们顺利生下孩子。所以直到今天，那些希望得到孩子的人，都会到娘娘庙等地方祭祀女娲，祈求子女，他们在女娲像前摸到泥娃娃，把它揣到怀里，起名"拴柱"或"拴成"，然后带回家藏到床下，明年就能生育子女了。

大洪水

女娲补天

女娲创造人类之后，人类在大地上安居乐业，繁衍生息。然而过了很久，可怕的灾难让人类陷入了危机。一个名叫共工的巨灵神和一个名叫颛顼的大神为了争夺至上神的地位，打了起来。最后共工被打败了，他又羞愧，又不服气，觉得自己的能力没有完全施展，一气之下就用头去撞不周山。这个不周山，原本是支撑着天地的柱子。共工这一撞可不得了，这根撑天的柱子被撞断了，天漏了个大窟窿，大雨从天而降，洪水暴发，世界陷入灾难与混乱之中，许多人因此而丧命。

女娲补天

女娲不忍心看着生灵涂炭，就决定把残缺的天给补好。她费尽心力，炼出五色石填补天上的漏洞。又杀掉一只巨大的神龟，砍下它的四只脚，支撑起天地的东、南、西、北四极。在她的努力之下，世界终于恢复了安宁。

女娲补天拯救苍生的故事经常被后代人引用，宋代大词人辛弃疾在一首词里写道："袖里珍奇光五彩，他年要补天西北。"用"补天"象征平息人类灾难。四大名著之一的《红楼梦》中也借用女娲补天的传说揭示了家族兴衰。

天倾西北，地陷东南

天向西北倾斜，导致日月星辰向西坠落。地向东南塌陷，导致大江大河都向东流入大海。这就是共工撞断不周山之后世界的样子。

当然，我们现在知道，太阳东升西落是因为地球在自转，江河向东流是因为我国的地势西高东低。古人关于这些自然现象的解释并没有科学依据，但这种想象力是多么丰富呀。

共工触山

彩虹的传说

传说女娲用来补天的石头是五色的，所以形成了天上的彩虹和彩霞。虽然我们现在知道彩虹和彩霞是光线折射、反射以及散射所形成的光谱，但也不禁要佩服古人的想象力。

五色石

补天指定用石

女娲为什么要炼五色石来补天？是为了好看吗？

《吕氏春秋》记载天有九部，分别为中央"钧天"、东方"苍天"、东北"变天"、北方"玄天"、西北"幽天"、西方"颢（hào）天"、西南"朱天"、南方"炎天"、东南"阳天"。我们可以看到，这些天的名称有颜色上的区分，比如苍是青色，玄是黑色，颢是白色，朱是红色。

因为天有许多颜色，所以补天的石头也要有许多颜色，才能把天补成原来的样子。

为什么会有补天传说

古代没有我们现在这么发达的科学技术，在可怕的自然灾害面前，人们只能听天由命。他们希望能有女娲这样的英雄、这样的神灵来帮助他们渡过难关。补天的传说既是古人的美好向往，也体现了古人对自然的敬畏。

丰隆

祝融

玄冥

句芒

飞廉

蓐收

众神图

古代的多神信仰

🌀 众神来历

在开天辟地的神话中，我们提到了天地之间最高的神是天帝，是他派出的重、黎二神创造了世界，后来的神话传说虽然有很多演变，但天帝这一角色始终是神话体系的根本。

天帝创造了世界，天帝的子女们便是众神，这些神明各司其职，管理世界。

🌀 分工明确的众神

我们所看到和感知的自然，在上古时期是极其令先民敬畏的，因为众神分别是这些自然现象的主宰。比如太阳生发万物，那么日神便是众神中最尊贵的神，风雷山川、一年四季，都有神当职。

风神是飞廉，头像鸟雀，身体像鹿，在四海之上巡游，高兴的时候人人欢喜，生气的时候人人惧怕。雷神是丰隆，长着人的头颅，身体却是龙形，他的肚子是个鼓，能发出巨响，就是人们听到的隆隆的雷声。

性格各异的四季之神

一年有四季，四季由四位神明主管，在神明的体系里，他们都是大神。

司春之神叫句（gōu）芒，也被称为芒神、木正，专门监管植物的生长，后来人们相信他能增加人的寿数，所以很受崇拜。句芒人面鸟身，当他乘着乌云、带着雨下界的时候，就带来了万物生长的春天。

司夏之神是祝融，夏天的炎热很容易让人联想到火，所以祝融也是火神，也叫火正。祝融性情喜怒不定，所以夏天里万物可能生长繁茂，也可能干旱枯死，人们对祝融既爱又怕。

司秋之神叫蓐（rù）收，主金，掌管秋天收获储藏的工作。他长得凶狠，人面、白毛、虎爪，还拿着大斧子，古籍中记载，蓐收还兼着刑神一职。

据说春秋时期虢（guó）国君主梦到蓐收，他的史官告诉他，这是蓐收让他改变治国政策，不然就会灭国。虢国君主很不高兴，一怒之下囚禁了这个史官，并要求所有大臣都上朝恭贺。虢国大夫舟之侨知道了这个事情后，不禁感叹虢王昏庸，带着宗族搬迁到晋国去了。六年后，虢国果然灭亡了。

司冬之神叫玄冥，名字有阳光不足、阴冷昏暗的意思，这位神明的性格也是十分冷酷、严厉的。寒冷的冰雪象征北方的冬季，玄冥又叫水正，也是北方之神。

🌀 山神与河伯

山无大小，皆有神灵。大山会有一位强大的山神，小山则由小神管理。五岳神是最有地位的山神，其中又以东岳泰山为尊。

山有山神，水有水神。河伯冰夷住在水宫里，他把府第装修得很漂亮，经常驾着龙拉的水车到处旅行，而且还喜欢各种宝物。相传，孔子的弟子澹台灭明怀抱着一块价值千金的玉想要渡河，河伯想要这块玉，于是等船行驶到中央时，就派两条蛟龙夹击这条船，没想到澹台灭明竟然执剑杀死了恶龙。等船平稳到岸后，澹台灭明轻蔑地把玉扔向水中，打算送给河伯，河伯却不要了，把玉扔了回来，如此三次，澹台灭明生气地把玉摔碎了。

河伯授图

在冰夷还不是河伯的时候，他就有一个愿望——成仙。就在他修炼到还差一天就能成仙的时候，一不小心跌入了泛滥的黄河，倒霉地淹死了。

冰夷死了之后，魂魄不宁，对黄河恨得咬牙切齿，就跑去天帝那里告状。天帝知道黄河为害人间，便任命冰夷为河伯，配合大禹治理黄河。于是，河伯将承载无穷奥秘的河图传授给了大禹，黄河治理工作才得以成功。

🌀 祭祀神灵

万事万物都有神掌控，所以想方设法和神交流，请求神满足自己的愿望，就成了古代氏族和部落最重要的一件事。这件事就是祭祀。

祭祀往往有超级盛大、隆重的仪式，主持祭祀的是氏族、部落里最厉害的首领。祭祀的内容包括向神祈祷，希望神灵能够给人们带来好运，还要向神灵献上祭品，一般是农作物、牲畜之类的。仪式结束之后，大家一起载歌载舞，把被神赐福的祭品分着吃掉，非常热闹。

简单来说，祭祀其实就是大家一起想方设法让神灵开心的活动。

🌀 "牺牲"的来历

我们现在知道，牺牲特指为正义事业献出自己的生命。其实牺牲最早指的是用于祭祀的毛色纯一、躯体完整的牲畜，"牺"指的是颜色要单一纯粹，不能有杂色，"牲"指的是肢体健全，不能缺胳膊少腿。

《周礼·地官·牧人》记载："凡祭祀共其牺牲。"

《国语·周语上》写道："使太宰以祝、史帅狸姓，奉牺牲、粢（zī）盛、玉帛往献焉，无有祈也。"描述的都是当时盛大的祭祀仪式。

◎ 国之大事，在祀与戎

古代社会特别注重通过祭祀神明来增强国家的凝聚力，《左传》里说："国之大事，在祀与戎。"意思是说战争和祭祀神明都是国家的头等大事。保持敬畏心，对国家和个人而言，都是很宝贵的。

◎ 举头三尺有神明

除了古籍中记载的这些天帝的子女，后世文化中还提到了很多神明，一些是远古神话中转变发展而来的，一些是名臣名将去世后，经过后人的传颂，才尊其为神的。

"举头三尺有神明"，中华文化氛围中，人们祈福、敬畏、自我约束，总是借用神灵的名义。每家每户都有灶神监管，结婚、考试、升官、发财，乃至生病，都有一位对应的神明。这些神明共同构成了神的社会，也构成了中华文明的多神信仰。

远古祭祀

美丽的日月传说

太阳女神羲和

《山海经·大荒南经》里面记载了太阳女神羲和的故事：在东南海之外，甘水之间，有个羲和国，这里有个叫羲和的女子，她是帝俊的妻子，她生了十个太阳，并且安排太阳们轮流巡游天空。

甘渊内有一棵扶桑树，羲和会在这里给太阳们沐浴。十个太阳有九个泡在水里，一个在树上休息，每次出勤，羲和都会驾着六条龙拉的太阳车，载着一个太阳儿子由东向西运行。太阳升上扶桑树时，叫"晨明"；登上太阳车，叫"朏明"；行至曲阿，叫"旦明"……太阳每经过一个地方，都有一个代表时间的名字。羲和带着太阳儿子轮流上岗，一个回来了，另一个才出去，所以人们每天只看到一个太阳。

◎ 扶桑

扶桑是指中国古代神话传说中的东方地名、树名，后用来称东方极远处或太阳出来的地方。

◎ 羲和卫星

中国首颗太阳探测科学技术试验卫星取名为"羲和"，就是为了纪念太阳女神羲和，象征中国人勇于探索太阳、探索太空的精神。

◎ 其他的太阳神

民间信仰的太阳神，除了羲和，还有日主、东君、太阳星君等。

日主是先秦时期山东一带八神中的太阳神，《史记》中有记载，据说日主神祠建在迎接日出的成山之上。

东君是湖南、湖北一带远古神话中的太阳神，屈原的《九歌·东君》描写的就是东君的故事。

太阳星君又叫太阳公、太阳菩萨、太阳神和日神，是汉族民间信仰和道教尊奉的太阳神，人们把每年农历三月十九日定为太阳星君的生日。

后羿射日

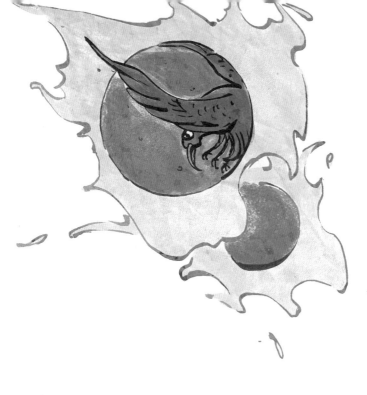
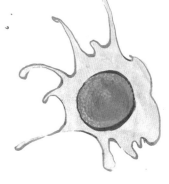

后羿射日

传说古时候，太阳不是只有一个，而是有十个。平时，这十个太阳居住在一棵扶桑树下，轮流来到天上照耀世界。但是有一次，十个太阳一起升上了天空，这下可不得了。十个太阳蒸干了河流，烤裂了大地，晒死了草木，闹得民不聊生。这时候，人类中有一名神射手叫后羿（yì），他来到山顶，瞄准太阳，一口气射下了九个太阳。这下人间才恢复了正常。

🌀 英雄后羿

《淮南子·本经训》里说，尧帝在位的时候，人间除了受十个太阳的危害，还另外有六种恶兽横行于世，它们是猰㺄（yàyǔ）、凿齿、九婴、大风、封豨（xī）和修蛇。后羿不但射下了九个太阳，还追杀这六种恶兽，把它们全消灭了。

后羿除恶兽

🌀 三足金乌——太阳的化身

在传说中，太阳并不仅仅是个大火球，它也是神兽的化身，这个神兽就是长着三只脚的乌鸦——三足金乌。

还有一种说法，认为太阳像车一样，是被三足金乌拉着前进的。

三足金乌

人类对抗自然的胜利

后羿射日的故事可以视为古代人民对抗自然灾害的胜利。十个太阳就象征着旱灾，传说中，后羿射下太阳对抗旱灾，而在真实的历史中，人类则是依靠农业技术、水利技术的逐渐进步，最终才拥有了足以对抗自然灾害的力量。

月神常羲

《山海经·大荒西经》记载："有女子方浴月。帝俊妻常羲，生月十有二，此始浴之。"

有一个女子在给月亮沐浴，她就是帝俊的另一位妻子常羲，她生下了十二个月亮。常羲也被称为"女和月母"，这十二个月亮分别对应了我国农历一年的十二月。

月御望舒

太阳每天有羲和用车拉着走，月亮也一样。只不过这个工作不是月亮的母亲常羲来做，而是一个叫望舒的神。所以，驾驭月亮车的神就是望舒。屈原的《离骚》中也提到："前望舒使先驱兮，后飞廉使奔属。"意思是望舒在前面开路，飞廉在后面跟随。后来人们也常常用望舒指代月亮，现代诗人戴望舒的名字就是由此而来的。

嫦娥奔月

嫦娥（Cháng'é）是后羿的妻子。后羿射掉九个太阳以后，向天上的西王母求到了一颗长生不老药。后羿舍不得吃下，就把它交给妻子嫦娥保管。

后羿有一个叫逢（páng）蒙的徒弟，他心术不正，得知了长生不老药的事情之后，就想把药弄到手。一天，后羿带人们外出狩猎，逢蒙趁机溜到后羿家中，逼迫嫦娥

交出长生不老药。嫦娥被逼无奈，只好自己将仙药服下，结果身体变得轻盈，一下子冲出窗口，飞上了天。

飞天的嫦娥因为挂念丈夫，不想离开太远，就在距离人间最近的月亮上住了下来，成了月宫仙子。

嫦娥奔月那天是农历八月十五。因为乡亲们很想念好心的嫦娥，就在八月十五那天，在院子里摆上嫦娥平日爱吃的食物，为她祝福。从此以后，每年的这一天，就成了人们企盼团圆的中秋节。

嫦娥究竟是谁

常见的说法是，嫦娥本叫姮（héng）娥，是帝喾（kù）的女儿，黄帝的后代，后来为了避汉文帝刘恒的讳改叫嫦娥。

还有一种说法是，嫦娥不是后羿的妻子，而是帝俊的妻子常羲，嫦娥二字只是误传，后羿的妻子是洛神宓（fú）妃。

关于月亮的传说之所以有这么多版本，是因为日月是上古先民无比崇拜的对象，在几千年时间里，神话传说不断发展演变，我们通过了解这些传说故事，从中感知先民的智慧便足够了。

◎ 蟾宫

《淮南子》中提到，太阳里面有三足金乌，月亮里面有蟾蜍，蟾蜍就是月精，所以，月宫也被称为"蟾宫"。

◎ 婵娟

婵娟是姿态美好的意思，古诗文里多用来形容月亮。宋代词人苏轼有一句赞美月亮的千古名句："但愿人长久，千里共婵娟。"

◎ 唐玄宗游月宫

开元年间，中秋节这天，唐玄宗在宫中赏月。罗公远上奏："陛下是不是想要到月亮上看一看呢？"玄宗说："是。"于是罗公远取了自己的拐杖往空中一扔，拐杖瞬间变成了一座银色的大桥，罗公远便邀请玄宗一起上桥。

二人在桥上走了数十里，看到了一座闪着金光、寒色逼人的宫殿。罗公远说，这就是月宫了。二人看见数百名仙女，全都穿着歌舞服翩翩起舞。玄宗问："这是什么曲子？"仙女回答："这是《霓裳羽衣曲》。"玄宗便偷偷记下了曲调。在回人间的路上，拐杖桥随着他们的步伐慢慢消失了。回到宫中，玄宗召来伶官，依据曲调作出了《霓裳羽衣曲》。

寂寞的月宫

嫦娥在月亮上居住的地方叫作"广寒宫"，听起来就是个冷冷清清的地方。

嫦娥住在这里，只有一只玉兔陪伴她。这只玉兔不只是宠物，还能捣药制作仙丹。

月亮上长满了月桂树，本来是一个很浪漫的所在。只是还有一个倒霉的人生活在月桂树林里，他叫吴刚。吴刚原本是修道的人，因为犯了错误，被玉帝惩罚，让他来月亮上砍月桂树。然而，这棵月桂树砍了又长合，怎么也砍不断，吴刚的惩罚也就永无休止。

当然，嫦娥、玉兔、吴刚，全部都是古人对月亮的想象。不过，我们可以在满月的时候抬头向月亮上看看，也许还能看到玉兔在捣药的影子呢！

吴刚伐桂

人类挑战自然的传说

🌀 夸父逐日

夸父是一个名叫夸父族的北方部落首领。为了战胜干旱，他决定去追逐太阳。他拿着手杖，向着太阳的方向不断奔跑，跑着跑着，炎热的太阳烤得他喉咙又干又渴，他就在黄河边趴下来，咕嘟咕嘟把黄河里的水喝了个精光。他继续奔跑，却还是追不上太阳，又渴得要命，就在渭河边喝干了渭河里的水。他离太阳越近，就渴得越厉害，最后只好去北边的大海喝水，然而还没走到大海边，他就因为极度干渴而死去了。他的手杖化为了桃林，身躯则化为了夸父山。

夸父逐日是人类探索自然的第一次尝试，虽然对夸父而言，这是一场惨败，但对后世来说，这种探索精神就像那留下的桃林和夸父山，是人类永远的财富。

夸父逐日

◎ 治水的鲧

鲧（gǔn）是黄帝的后代，大禹的父亲。在大禹治理洪水之前，鲧是受命治水的人。但鲧是用堵塞的方式治水，结果没有成效，洪水仍然肆虐成灾，天帝便以失职之罪处死了他。鲧死后，他的儿子禹奉命继续治水。

◎ 鲧的罪由

在鲧治水的故事里，鲧似乎是因为工作方法不当才被问罪的。但《山海经·海内经》里有一句话："鲧窃帝之息壤以堙（yīn）洪水，不待帝命。帝令祝融杀鲧于羽郊。"息壤是一种能自己生长的土壤，是一种法宝，而鲧没跟天帝打招呼，偷了来用于治水，恐怕这才是他被处死的真正原因。

鲧窃息壤治水

精卫填海

《山海经》里记载了精卫的故事。相传，精卫原本是炎帝的小女儿，名叫女娃。有一天，女娃去东海游玩，没想到波浪大作，将女娃卷入海中淹死了。女娃死后，灵魂不灭，化为一只名叫精卫的鸟，这只鸟头上有花纹，长着白色的嘴巴、红色的脚爪。她为自己的经历感到悲伤，又担心其他人也会和自己一样在海中淹死，就决定将大海填平。她从西山叼来树枝和石块，不断地投入海中。过了很久，大海一点儿被填平的迹象也没有，但她仍不气馁，日复一日重复着自己的工作。据说，直到今天，精卫还在那里填海，始终没有放弃。

后来，一代又一代的创作者们又对精卫填海的故事进行了丰富和发展，南朝文学作品《述异记》中写精卫填海时说："偶海燕而生子，生雌状如精卫，生雄如海燕。今东海精卫誓水处，曾溺于此川，誓不饮其水。"意思是说，一只海燕飞过东海时无意间见到精卫，他在了解事情的起因后，深为精卫无畏的精神所打动，就与她结成夫妻，生出许多小鸟，雌的像精卫，

雄的像海燕。精卫
发誓永远不喝自己
被淹地方的水。小
精卫和她们的妈妈
一样，也去衔石填
海，一直到今天。

精卫填海

愚公移山

愚公移山的故事记载在《列子·汤问》当中。传说北山有个叫愚公的老爷爷，快九十岁了，他家门前有太行和王屋两座大山，出门特别不方便。于是愚公便跟家人商量要把山移走，愚公的子孙都同意了，只有他的妻子提出疑问："搬出来的土石怎么处理呢？"愚公的子孙说："运到渤海往海里一倒就可以了。"

在愚公的坚持下，移山工程开始了，一年又一年，他始终坚持不懈。因为路途遥远，愚公每运一次土，都要用一年的时间。

有个叫智叟（sǒu）的老爷爷笑话愚公："以你的力量连山的一小部分都搬不走。"愚公却说："即使我死了，我还有儿子，儿子死了还有孙子，世世代代无穷无尽，而山又不会增长，还愁这山搬不动吗？"天帝知道了，被愚公的坚持所感动，派夸娥氏的两个儿子，把两座大山分别搬到了朔东和雍南。从此以后，冀州的南部可以直通汉水南岸，再也没有高山阻隔了。

◉ 龙伯钓鳌

《列子·汤问》中还记载了龙伯钓鳌（áo）的故事。传说古代渤海东面有五座山，天帝命十五只巨鳌用头顶着，山才固定不动。龙伯国是巨人国，有个巨人出门要经过这五座山，觉得不方便，就用鱼饵把鳌钓起来，一连钓了六只，于是有两座山就沉入大海了。

◉ 神话传说中的远国异人

在中国古代神话传说中，有很多远国异人的故事，比如《山海经》里一共记载了三十多个怪异的国家。据说巨人国在东方海边，巨人们肢体发达，又高又大；小人国在南方海边，小人们一个个都生得很矮小，最长的只有三尺高，最小的仅两寸长，他们都住在山洞里，很聪明，能制造各种灵巧的东西；奇肱（jīgōng）国的人只有一只手，但有三只眼睛，都十分长寿；互人国在西方荒野，那里住着能够"上天下地"的人面鱼身的怪人；无臂国在大荒西北，人们都住在山洞里，生活简单，多以喝空气为生……

这些远国异人都有着不同的身体特征，有不同的能力，说明当时人们对"超能力"非常渴望。在环境恶劣的远古时代，人们渴望幸福的生活，所以会将自己未知的地域幻想成一个怪异的世界，并以此来满足自己的心理需求。

争帝之战

黄帝

翻开《史记》的第一篇《五帝本纪》，记载的第一个人物就是黄帝。黄帝姓公孙，出生在轩辕之丘，也叫轩辕黄帝。黄帝是中华大地上一个古老部族的首领，那时的部族首领既掌管日常事务，同时也是整个部族的大祭司，他们本人既是人性化的神，也是神性化的人。

争帝之战

◎ 炎黄之争

在黄帝统一中华大地上各个部落的战争中，最出名的是和炎帝的阪（bǎn）泉之战，以及和蚩尤（Chǐ Yóu）的涿（zhuō）鹿之战。

黄帝和炎帝本是兄弟，部族一分为二，由他们分别管理。但后来他们起了冲突，双方分别率领军队在阪泉这个地方展开大战，炎帝主打火攻，用火摧毁敌人；而黄帝本人是雷雨之神，利用这点选择水攻，很容易就破解了炎帝的攻势。黄帝率领着精英将领，驱赶着熊狼虎豹等各种猛兽作为先锋，用雕鹰鸢（yuān）鹘（hé）等猛禽作为旗帜，狠狠地向炎帝发起了进攻，炎帝毫无还手之力，节节败退。最终，炎帝的部落被黄帝收编。

旱魃止雨

涿鹿之战

　　蚩尤也是上古英雄，传说他有八十一个兄弟，个个铜头铁额。蚩尤与黄帝和炎帝的联军在涿鹿大战，蚩尤召唤出风雨迷雾，让黄帝的军队迷失方向，于是黄帝制造了"指南车"，指引军队前进。蚩尤没那么轻易被打败，他又请来风伯和雨师，降下大暴雨，黄帝则找来了旱魃（bá），止住了风雨，最终战胜了蚩尤。虽然蚩尤被杀死了，但黄帝敬佩其骁（xiāo）勇善战，封他为"战神"。

　　在这两场战斗之后，黄帝继续征战，前后五十二次，终于平定了四方。自此之后，神的时代结束，人类的时代开启。

人文初祖

黄帝统一中原之后，做了不少造福于民的事。他建立了最早的国家体制，教化百姓开展农业耕种，推演历法，发展医学，制造乐器，被后世尊为"人文初祖"。

始有堂室

黄帝改变了人们居住巢穴的生活方式，开始大力推行房屋建设，用以遮风挡雨。

医术传说

黄帝时代有一名非常厉害的医生，传说他的医术高明到可以让出丧的车辆不发丧，让准备埋葬的死人活过来。他的治病方法也很神奇：用刀划开皮肤，挤出疼痛的部位浣洗干净，就可以使病人的精神与肉体得到良好的治疗。

奏乐制镜

黄帝命令伶伦用竹子制造乐律；又命他和荣将铸造十二口钟，用来演奏乐曲。命尹寿制作十二面镜子，自己与西王母每月相会时会使用一面。

三皇五帝之谓

◎ 三皇五帝到底是谁

我们经常会听到三皇五帝的说法，但三皇五帝究竟是谁，有很多个版本。

三皇，有说是盘古、女娲、伏羲的，也有说是伏羲、女娲、神农的。《三字经》中说，三皇是伏羲、神农、黄帝；《周礼》中说是伏羲、燧（suì）人和神农。

关于五帝呢，版本就更多了，除了有名的黄帝、炎帝之外，还有颛顼、仓颉（jié）、尧、舜、太昊、少昊、禹等。

其实，三皇五帝是对上古时期英雄首领的简洁化称谓，人人心中都有一个伟大的人物，在本书中，我们借用"三皇五帝"的说法，来介绍几位名气相对比较大的首领。

◎ 炎黄结盟

相传，炎帝和黄帝是同一时期黄河流域的两个部落首领，相互之间大小战争不断，后来黄帝打败了炎帝，炎黄结盟，两个部落成了"兄弟部落"。在同一时期，还有一个叫蚩尤的首领十分好战，为了争夺地盘，蚩尤和他们大打出手，最终以失败告终。炎黄结盟后，其他部落也渐渐融合进来，华夏部落联盟初成。

◎ 伏羲

伏羲在传说中非常有名，很有力量，也很神秘。他可能是古代部族的大祭司，也是一位智者，他通过观察天文和地理现象，了解了宇宙的奥秘，推演出了八卦。八卦蕴藏的神秘意义至今都是世界各国人文学者经常探讨的话题。

伏羲与女娲

◎ 伏羲与女娲

传说中，伏羲是人首蛇身的形象。你们也许发现了，前面提到的女娲同样是人首蛇身，其实在某些故事里，伏羲和女娲就是一对兄妹，也有传说认为，他们是一对夫妻。

伏羲与女娲代表着中华民族上古历史的两大阶段。女娲，代表着人类的起源和母系氏族社会；伏羲，代表着中华文明的起源和父系氏族社会。女娲与伏羲，是中华文明的两大先祖。

◎ 八卦究竟是什么

创世神话中我们提到了"太一出两仪，两仪出阴阳"，两仪就是天地，天地产生"阴阳"二气。八卦图中的阴阳鱼就是两仪，太一就是太极。

在八卦的图案中，用"⚊"代表阳，用"⚋"代表阴，这两种符号经过各种组合，组成了八种不同的形式，就是八卦。

这八种形式，乾代表天，坤代表地，巽（xùn）代表风，震代表雷，坎（kǎn）代表水，离代表火，艮（gèn）代表山，兑代表泽。实际上就是对自然现象的一种抽象的描述。

八卦

◎ 五行

五行指的是金、木、水、火、土五种自然物质，祖先用五行解释世界万物的形成及相互关系。

伏羲演八卦

◎ 有巢氏

有巢是一个人的名字，从名字可以看出，他是最早给人类建造巢穴的一个聪明能干的人。

上古的时候，人们都露宿在外面，运气好的才能找到一个山洞待一待。白天还好，到了晚上就非常危险，很容易被野兽侵袭，刮个风下个雨，都没有地方躲藏。有巢氏就想到了像鸟搭巢一样，用树枝、树叶在大树上搭个窝，窝上再搭上棚子，让人们躲开野兽和风雨。从此，巢就普及开来，人类终于有了自己建造的居所。

❂ 燧人氏

在上古时期，人类的生活十分原始，人们用兽皮和植物做衣服，用石块做武器，靠生肉和植物果实充饥，在黑暗的夜晚忍受寒冷，还要随时提防野兽的袭击。

后来，人们发现了自然界的"火"，火可以温暖身体，可以让生肉变熟，更能驱赶野兽。然而，人类不懂取火的方法，只能靠运气得到火种。但是，燧人氏找到了钻木取火的方法，让人类可以自行生火，燧人氏也因为这一伟大的贡献，被尊为"三皇"之一。

❂ 火的意义

对于人类来说，掌握了取火的方法，使得人类第一次支配了一种自然力量，并可以用这种力量来改造自然。用火做工具，人类不仅能烧熟食物，更能建造房屋、制作陶器、冶炼金属、打造武器……拥有了火的力量之后，人类才真正向文明的方向迈进。

❂ 靠运气得到火种

人类最早得到的火种，有可能全部来自自然火，或是火山爆发，或是雷电引燃树木，或是阳光通过水面等光面反射聚焦产生高温引燃草木，总之，全是靠运气得到的。

起初，为了保存火种，古人通过不断添加木材、树枝、树叶等，让火种不灭，一直燃烧，这需要专人看管，需要随时准备燃料、收集燃料。这很难，而且火很容易熄灭。

钻木取火

钻木取火需要钻木和钻头两种木材，还需要一些干燥的引燃物，比如棉絮、芦苇的毛毛等。

钻木和钻头都要用干燥的木材，钻木平坦，钻头呈棒状。钻头一端直立紧密接触在钻木上，用双手快速搓转钻头，利用摩擦生热的原理产生高温，点燃干燥易燃的引燃物。

火神祝融

祝融是颛顼氏的后代，在帝喾掌管天下的时代，他做了名叫火正的官，主管天下跟火有关的事，立了很多的功劳。《山海经·海内经》里说，大禹的父亲鲧偷了天帝的息壤，天帝让祝融消灭了鲧。《墨子·非攻下》里说，成汤讨伐夏桀时，天帝命令祝融在夏城降下大火，帮助成汤灭夏。所以祝融死后，人们称他是火神。

在后世的民间传说中，祝融常以女子的形象出现，称"祝融夫人"。

燧人氏钻木取火

神农

　　炎帝神农氏，是上古时代的一位部落首领。神农继承了伏羲的事业，进一步改革了农业技术，教人们种植五谷，饲养家畜。除此之外，他还施行教化，让民众可以受到教育。更重要的是，他遍尝百草，治病救人，还留下了《神农本草经》这一著作，开创了我国的医药学。

神农

神农尝百草

在传说中，神农的肚子是透明的，因此可以看到吃下去的东西会变成什么样子。他游历山川，品尝每一种没见过的草木，观察它们的效果，分辨哪些有毒、哪些没有毒、哪些可以治病、哪些不可以治病。他曾经一天中毒七十次，但都因为及时找到了解毒的草药才幸免于难，但是神农在最后一次尝试吃断肠草时，毒性发作后没有找到解药，不幸身亡了。

五谷

五谷指的是古代人民种植的五种粮食作物。包括稻、黍（shǔ，去皮后称黄米）、稷（jì，谷子，也称小米）、麦、菽（shū，大豆）。

古人热爱劳动，他们会批评那些习性懒散、不爱劳动的人为"四体不勤，五谷不分"。

其他贡献

神农还开创了市场，为后世奠定了商业传统。

以前，人们只能通过包裹树叶、兽皮御寒，神农教人用麻制布，人们才有了衣裳。

神农发明神农琴。这种琴"长三尺六寸六分，上有五弦，曰：宫、商、角、徵、羽"（《世本·作篇》）。

神农发明了弓箭，人们终于有了对抗野兽和敌人的有力武器。

⊙ 仓颉造字

仓颉是黄帝手下的史官。仓颉生下来就与众不同，他的脸长得像龙，且有四只眼睛，都炯炯有神。他将流传于先民中的文字（如伏羲创造的文字）加以搜集、整理，形成了更加系统的汉字体系。据说仓颉刚刚造出文字时，天上竟然下起了粟米，这是在提醒世人不要舍本逐末，还要勤于农耕。鬼怪也在夜晚放声哀哭，是怕自己被这些可怕的文字弹劾。

汉字经过一代代演变，最终变成了我们现在熟悉的样子。

现存的最古老的一种成熟的汉字叫作"甲骨文"，是商周时期刻在龟甲上用来记录占卜结果的文字。

⊙ 汉字的演变

不论哪种文字，都是一种用来记录、传承的工具。为了能让更多人掌握汉字，汉字经历了一个演变的过程。大致可以概括为甲骨文—金文—小篆（zhuàn）—隶书—楷书。

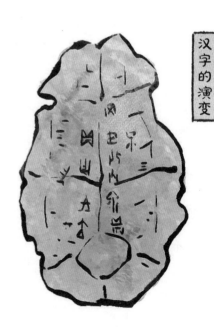

汉字的演变

仓颉造字

尧

尧在十六岁的时候，就成了部落首领。他在成为首领之后，身上穿的依旧是粗布麻衣，冬天也只是加一件鹿皮外衣来抵御严寒；住的屋子的房顶，用的是不加修剪的茅草，房梁用的是刚从山上砍下来的原木；吃的是粗饭，喝的是菜汤。老百姓听说了这件事，纷纷感叹："就连仆役都比尧过得好一些。"他施行德政，百姓都称颂他。他观测天象、制定历法、划分节气，是一个道德高尚，又特别有能力的领导者，用一个成语概括，就是"德才兼备"。

如果国家里有一个人没饭吃，尧会说，"这是我让他饥饿的"；如果国家里有一个人挨冻，尧会说，"这是我让他挨冻的"；如

果国家里有一个人犯罪，尧会说，"这是我让他走到这步田地的"。尧命人在自己家门口立了一根木头，让百姓把批评他的话写在上面，或者干脆敲击木头，让尧亲自出来当面听意见。这种木头叫"诽谤木"，是华表的前身。

尧当了七十年领导者之后，得到了舜这个很出色的人才，又过了二十年，尧将帝位禅（shàn）让给舜，二十八年后他就去世了。

尧的儿子名为丹朱，为人骄傲自大。于是尧制作了一副围棋送给丹朱，希望能用围棋来陶冶丹朱的情操，但是丹朱只下了两三天棋，就继续跟坏朋友打闹去了。

◎ 舜

舜，又称为虞舜，是尧之后的部落联盟首领。舜的父亲被叫作瞽（gǔ）叟，是一个没有眼珠的盲人。有一天晚上，他做了梦，梦到有一只凤凰要做他的儿子，后来真的生了一个儿子，就起名叫舜了。据说舜的每只眼睛里都有两个瞳孔，所以他又叫重华。舜刚生下来没多久，生母就去世了，瞽叟就娶了一个新妻子，也生了一个儿子，叫象。这个后妈心胸狭小，象的性格跟他母亲一模一样，而父亲瞽叟却又偏偏宠爱后妈和象，也对舜心怀偏见。小时候的舜经常受到父母的毒打，如果用的是小木棍，他就默默忍受；如果用的是大棒子，他就跑到荒野，向天上的生母哭诉。但舜即便在这样的家庭环境里，仍然对双亲和兄弟十分孝顺和恭敬。

◎ 和舜做邻居

舜的孝顺并没有打动后母，她反而对舜动了杀心，舜在家中待不下去了，便独自一人跑出来，在妫（guī）水这个地方盖了间茅草屋，开了片荒地，过着孤苦伶仃的日子。舜在独自居住的日子里，也会去帮助其他的农民，舜的行为渐渐感化了周围的人，他们都搬过来和舜一起居住。就这样，妫水边越来越热闹，一年时间就形成了村落；两年形成了城镇；三年已经有了都会的规模。

◎ 两件衣服救人命

尧当时正在寻找贤才接替天子的位置，当他听闻舜的善行，便让自己的两个女儿娥皇、女英嫁给了舜，让自己的九个儿子与舜一起生活，以考察舜是不是真的像传闻中那样品德高尚。舜的父亲、后母和兄弟看到舜受到重用，便开始密谋如何杀死舜，从而吞并他的财产。

一天，象让舜修一下家里的谷仓，两位妻子听到这件事，便织了一件画着鸟羽花纹的衣服让舜换上。第二天，舜在修谷仓顶的时候，父亲抽走梯子，弟弟拿来柴火，后母点燃火把，

舜在谷仓顶看着火势逐渐变大，张开手臂，衣服上的鸟羽纹便化成了翅膀，带舜逃离了火海。第二次，瞽叟要舜帮忙挖一口井，妻子这次给舜穿上了纹有龙鳞的衣服。当舜刚下到井里，上面便扔下来许多泥块和石头，而舜这次变成了一条龙，从另外一口井里钻了出来。

娥皇与女英

☁ 尧舜禅让

经过一段时间的考察，尧确认舜的确是一位可以信赖的人，于是便把部落联盟首领之位传给了舜，舜在即位之后也跟尧一样，是一位为国为民的贤君。

舜很会用人，又制定了清晰的律法，还兴办学校，放逐了浑沌、穷奇、梼杌（táowù）、饕餮（tāotiè）四大凶神，为老百姓做了很多好事。他命大禹治水，平息水患，造福人民。他孝顺父母，为天下表率。

最终，他继承了尧的禅让做法，将帝位禅让给了治水有功的禹。

☁ 泪洒斑竹

舜晚年的时候，到南方四处巡视，却不幸死在了苍梧之野，他的两位妻子听到之后非常悲伤，快马加鞭奔赴南方。她们在路上一直哭泣，洒落的泪滴挂在竹子上，形成了斑驳的泪痕，这就是"湘妃竹"的由来。

☁ 禅让制与世袭制

中国古代帝王的继承制度，最著名的便是"禅让制"和"世袭制"。

禅让制是指由帝王本人亲自将帝位传给有德行的人；而世袭制，则是在帝王本人不再做帝王后，帝位由他的儿子或是有血缘关系的人来继承。

三过家门而不入

❁ 禹

禹，又称夏禹。禹继承父亲鲧的事业，治理水患，最终洪水平息，禹也得到了天下人的拥戴，继承了舜的帝位。

❁ 三过家门而不入

传说大禹治水非常专注，一直亲自在治水第一线工作，他曾经三次经过家门，都没有回去，连刚生下的孩子都没有去看看，后人称大禹"三过家门而不入"，就是在赞颂他舍己为公的精神。

治水的成与败

同样是治水，为什么禹的父亲鲧失败了，禹却成功了？原来，鲧面对洪水，采取的是堵塞水流的方法，但洪水是无法靠当时的人力阻塞的，结果水患越堵越严重，最终宣告失败。

而禹则吸取了父亲的教训，采取疏导的做法，将泛滥的河流引向大海，最终取得了成功。

鲤跃龙门

大禹在治水的时候，开凿龙门山，称之为龙门。每年都会有特定的日子，江河湖海的鱼虾来到山崖下尝试跳高变龙，跳过去的，便化龙升天；没有跳过去的，只能落回水中继续做一条鱼。后世通常借此来寄托自己高升的愿望，也有很多人将此作为自己奋发向上的动力。

启的出生

禹与涂山的一位女性结了婚，婚后仅在家待了短短四天，就又离家去治理洪水了，妻子想念禹，便要求禹带上自己。等禹治水到辗（huán）辕山的时候，因为要打通这座山，所以禹对妻子说："我带一面鼓，如果你听到鼓声就来给我送饭吧。"妻子答应了。等妻子走后，禹就变成一头巨熊，开始用自己的爪子和身躯开山辟道。无意中，有几个石块滚落，正好砸中禹带来的那面鼓。山下的妻子听到鼓声，连忙携带饭菜给禹送饭，但是当她看到禹变成的巨熊，受到了惊吓，直接扔下饭菜逃走了。禹看到妻子受到了惊吓，连忙追上去。他们就这样跑到了嵩高山下，妻子见无路可跑，便化身成为一块石头，大禹见到石头后大喊一声："把我儿子还来！"于是石头向北方裂开，禹的儿子——启出生了。

🌀 大禹与夏朝

禹在年老之后，原本也打算效法尧和舜，将帝位禅让给一个叫益的人。然而，当时益的资历很浅，诸侯并不拥戴他，而是更加倾向于扶持禹的儿子启。于是启最终代替益登上了首领之位。

从这以后，启把首领之位传给了自己的儿子，把禅让制变成了世袭制，天下人的天下变成了一家人的天下。以世袭制为代表的中国的第一个王朝——夏朝就此开始。神话色彩浓重的上古时代，也就告一段落了。

🌀 天宫的音乐

《山海经》上说：在大运山北面有个叫大乐之野的地方，当年夏王启在这里观看天上的《九代》乐舞，他驾着两条龙，左手握着一把华盖，右手拿着一只玉环，腰间佩带了一块玉璜（huáng），飞腾在三重云雾之上。据说，启曾三次去天宫中作客，并悄悄记下天宫中的乐舞——《九辩》与《九歌》，并带回人间在大乐之野演奏。

夏启继位

感天动地的人间真情

在后世的演变中，神话其实也是有主题和内涵的，比如爱情，比如颂扬人类精神，又或者，古人通常会把一些植物、动物与神话联系起来，为其蒙上一层神秘色彩。

⊙ 董永葬父

晋代干宝所著的《搜神记》里有个关于汉代董永的神话故事。

汉代有个叫董永的人，家里很穷，从小和父亲靠种田生活。后来父亲去世了，董永没钱安葬，就把自己卖为奴。主人知道董永孝顺，就给了他钱，让他回家安葬父亲。董永在安葬完父亲后，回来的路上遇到一个女人，甘愿做他的妻子。董永带妻子去见主人，主人说："我把钱送你了，不用还。"董永说："您对我有恩，我必须报答。"主人得知董永的妻子能织布，就让她织一百匹布来还债。妻子只用十天就织好了，她告诉董永："我是天上的织女，因为天帝被你的孝顺感动，所以让我来帮你还债。"说完，织女就飞走了。

⊙ 牛郎织女

织女星是天琴星座里最亮的恒星，牛郎星（又叫牵牛星）是天鹰座里最亮的恒星，两颗星隔着天河（银河）遥遥相对。关于它们

鹊桥相会

还有这样一个故事：

相传织女住在天河东面，是天帝的女儿，她每天勤奋工作，织成云锦天衣挂在天上。天帝心疼她，把她嫁给了河西的牛郎，谁知织女婚后却把织锦的事情荒废了。天帝很生气，让织女回河东去住，只允许她每年和牛郎相会一次。据说织女星和牛郎星两旁的两个亮度小一点的星星，就是他们的一对儿女。

牛郎织女相会的日子是七夕，在这一天，喜鹊会在天河上架起一座天桥，让牛郎和织女在桥上见上一面。这时，人们只要躲在葡萄架下面，还能听到牛郎和织女对话呢！

《迢迢牵牛星》

《迢迢牵牛星》是汉代《古诗十九首》中的一首诗，描绘了牛郎、织女被银河阻隔不得会面的故事：

迢迢牵牛星，皎皎河汉女。纤纤擢（zhuó）素手，札札弄机杼（zhù）。终日不成章，泣涕零如雨。河汉清且浅，相去复几许？盈盈一水间，脉（mò）脉不得语。

◎ 劈山救母

有一位书生名叫刘向，他在路过华（huà）山的时候，和三圣母相爱了。三圣母又叫华岳三娘，是玉帝的外甥女，她不顾天庭禁令，嫁给了刘向。三圣母的哥哥知道后非常生气，为了惩罚三圣母，把她压在了华山的下面。

三圣母在华山下生下儿子沉香，托人把沉香交给刘向抚养长大。沉香长大后一心想救出母亲，他的孝心感动了好多神仙。在神仙的帮助下，沉香学会了很多本事，终于打败了舅舅。

他拎着大斧子来到华山脚下，不停地喊着母亲，从北峰喊到南峰，又从东峰喊到西峰，最终在西峰听到了母亲的回应。沉香朝着西峰峰顶，高举神斧奋力劈下，峰顶裂开一道缝隙，他终于救出了母亲。

◎ 华山孝子峰

孝子峰是华山南峰西方的一座山峰。在劈山救母的神话故事中，沉香来救母时，因为不知道母亲被压的具体位置，就站在这里哭喊母亲，于是后人便称这座山峰为孝子峰。传说到夜深人静时，只要站在峰头，依然可以听到沉香哭喊母亲的声音。

人人都有超能力

八仙过海

从前，有八位来自人间的神仙，分别是背着酒葫芦挂着铁杖的铁拐李、爱用芭蕉扇的汉钟离、倒骑白驴的张果老、终日与花篮为伴的蓝采和、喜欢莲花的何仙姑、擅使长剑的吕洞宾、爱吹横笛的韩湘子以及手拿笏（hù）板的曹国舅。

这八位神仙，每人都有丰富多彩的凡间故事，之后得道成仙，他们济世救人、惩恶扬善，在民间非常受人喜爱。

有一天，八仙兴高采烈地来到蓬莱阁上聚会饮酒，他们想去海外的仙山游玩，于是决定想办法渡海。最后，他们各显神通，分别凭借自己擅长使用的神器——葫芦、芭蕉扇、白驴、花篮、莲花、宝剑、横笛、笏板（渡海法器在不同版本的传说中稍有不同），乘风破浪，渡过大海。

八仙过海，惊动了龙王，龙王率兵来捣乱。众仙个个奋勇向前，在海里与龙王打了起来，后来在观音菩萨的调解下才结束争端。八仙拜别观音，各持宝物，遨（áo）游而去。

后来，八仙过海的故事始终激励着人们，告诉人们不要瞧不起自己，每个人都有自己特别的能力，都能创造奇迹。